Loi numéro 49 956 du 16 juillet 1949 sur les publications
destinées à la jeunesse : mai 1996
Dépôt légal : décembre 1997
Imprimé en France par Aubin Imprimeur à Poitiers

Irène Schwartz

Mariette et Soupir cherchent une maison

illustrations de Frédéric Stehr

l'école des loisirs

11, rue de Sèvres, Paris 6e

Ce matin-là, Madame Marmotte s'est réveillée de très bonne humeur : le soleil venait d'apparaître derrière la montagne, les oiseaux chantaient et l'air avait un parfum d'herbe tendre. Encore une belle journée qui commençait…

« Maman, Mariette ! Venez vite ! » crie Soupir, qui s'est levé le premier.
« Il y a une drôle de pierre toute barbouillée devant chez nous ! »

« Catastrophe ! ! ! Un sentier juste à notre porte ! Les promeneurs vont galoper au-dessus de nos têtes dès potron-minet, piétiner nos fleurs, voler nos myrtilles… Mes chéris, il faut qu'on déménage ! ! ! »

Trouver un beau terrier, c'est très rare, en creuser un neuf, c'est très long,
et quitter celui-ci, c'est très triste !
« Quelle calamité ! » dit Maman en soupirant. « Il faut que je réfléchisse,
laissez-moi en paix quelques instants. »

« J'ai une idée », dit Mariette. « On va trouver un beau terrier pour faire une surprise à Maman. »
« Je n'ai pas envie ! »
« Mais si, Soupir, tu verras, c'est très amusant. Justement, j'en vois un là-bas… »

« Il est très beau », dit Soupir. « C'est ici que je veux habiter ! »
« Moi aussi ! » dit Mariette. « Tu vois, on a vite trouvé. Viens, on va le visiter. »

Pour faire de la luge, c'est idéal. Mais pour dormir, c'est glacial.
« Cherchons plutôt un terrier au soleil », dit Mariette.

Deux minutes plus tard, ils aperçoivent un vrai château illuminé de soleil, entouré de fleurs parfumées.
« Et voilà ! On a trouvé ! On va le visiter et puis on courra prévenir Maman qu'on peut déménager ! »

La visite du château est terminée. Personne n'a jamais fait le ménage, là-dedans !
« Du vois, on de drouve bas ! » dit Soupir.
« Addends, on cobence juste ! Biens, on gondinue ! »

On continue. Ce terrier-là a une très belle vue…

…sur un petit lac bleu où nagent des têtards.
Pauvre Soupir !

« J'en ai assez ! On ne trouve rien ! Je veux rester dans notre maison ! »
« Mais Soupir, c'est impossible ! »
« Alors porte-moi. »
« Non Soupir, tu es trop lourd ! » « Si ! » « Non ! »

Le temps passe. Soupir est lourd. Mariette se fait de la bile.
Et puis soudain… « Là-bas, j'en vois un ! »

« Il est encore plus beau que le nôtre ! Maman va être contente ! »
« C'est moi qui l'ai trouvé ! » dit Soupir.
« C'est moi qui t'ai porté ! » répond Mariette.
Mais ils ont trop à faire pour se disputer.

Et maintenant il faut aller voir si dedans,
c'est aussi beau que dehors.

« Ça ne sent pas comme chez nous », dit Mariette.
« Chut, écoute… »
« Regarde, il y a des plumes, et des poils partout.
Donne-moi la patte, Mariette… »

«J’entends un bruit ! Soupir…»
Au fond, là-bas, ça remue dans la paille !
«Y’a quelqu’un !»
C’est la propriétaire ! Attention,
elle a les dents pointues !»

« Maman ! Maman ! »
« Mariette, Soupir, ça fait une heure que je vous cherche ! »

« Quelle histoire ! » dit Maman. « Mais je vous l'avais bien dit
que les beaux terriers *vides* étaient rares ! »
« Où allons-nous habiter, alors ? »
« En me creusant la tête, il m'est venu une idée à propos de ce fichu caillou… »

À l'heure où le soleil s'est caché derrière la montagne,
Mariette et Soupir ont aidé Maman
à faire rouler la pierre loin de la maison. Ils la poussent encore un peu…
« Adieu caillou ! Adieu sentier ! » dit Maman. « On restera chez nous ! »

« Maintenant, au lit mes chéris ! »
« Et l'hermine aux dents pointues ? »
« Oh, l'aigle en aura fait son dîner ! » répond Maman. « Maintenant, il est l'heure de dormir.
Bonsoir Soupir, bonsoir Mariette, faites de beaux rêves. »